BEI GRIN MACHT SICH IHR WISSEN BEZAHLT

- Wir veröffentlichen Ihre Hausarbeit, Bachelor- und Masterarbeit
- Ihr eigenes eBook und Buch - weltweit in allen wichtigen Shops
- Verdienen Sie an jedem Verkauf

Jetzt bei www.GRIN.com hochladen und kostenlos publizieren

Bibliografische Information der Deutschen Nationalbibliothek:

Die Deutsche Bibliothek verzeichnet diese Publikation in der Deutschen Nationalbibliografie; detaillierte bibliografische Daten sind im Internet über http://dnb.d-nb.de/ abrufbar.

Dieses Werk sowie alle darin enthaltenen einzelnen Beiträge und Abbildungen sind urheberrechtlich geschützt. Jede Verwertung, die nicht ausdrücklich vom Urheberrechtsschutz zugelassen ist, bedarf der vorherigen Zustimmung des Verlages. Das gilt insbesondere für Vervielfältigungen, Bearbeitungen, Übersetzungen, Mikroverfilmungen, Auswertungen durch Datenbanken und für die Einspeicherung und Verarbeitung in elektronische Systeme. Alle Rechte, auch die des auszugsweisen Nachdrucks, der fotomechanischen Wiedergabe (einschließlich Mikrokopie) sowie der Auswertung durch Datenbanken oder ähnliche Einrichtungen, vorbehalten.

Impressum:

Copyright © 2017 GRIN Verlag
Druck und Bindung: Books on Demand GmbH, Norderstedt Germany
ISBN: 9783668863286

Dieses Buch bei GRIN:

https://www.grin.com/document/455384

Lukas Waltenrath

Einführung in die Jahresabschlussanalyse, Kostenrechnung und das Controlling

GRIN Verlag

GRIN - Your knowledge has value

Der GRIN Verlag publiziert seit 1998 wissenschaftliche Arbeiten von Studenten, Hochschullehrern und anderen Akademikern als eBook und gedrucktes Buch. Die Verlagswebsite www.grin.com ist die ideale Plattform zur Veröffentlichung von Hausarbeiten, Abschlussarbeiten, wissenschaftlichen Aufsätzen, Dissertationen und Fachbüchern.

Besuchen Sie uns im Internet:

http://www.grin.com/

http://www.facebook.com/grincom

http://www.twitter.com/grin_com

Inhaltsverzeichnis

1 JAHRESABSCHLUSSANALYSE 2

   1.1 Teilanalysen der Jahresabschlussanalyse 2

      1.1.1 Vertikale Strukturanalyse (Passivseite) für 2015 und 2016 2

      1.1.2 Kurzfristige Finanzanalyse für 2015 und 2016 2

      1.1.3 Erfolgsanalyse (Rentabilitätskennzahlen) für 2015 und 2016 3

   1.2 Wirtschaftliche Entwicklung 3

2 CONTROLLING 7

   2.1 Entwicklung eines Kennzahlensystems 7

   2.2 Entwicklung eines Controllingsystems 8

   2.3 Interpretation Controllingsystem 8

3 KOSTENRECHNUNG 9

   3.1 Zuschlagskalkulation 9

   3.2 Deckungsbeitragsrechnung 11

   3.3 Interpretation einer Deckungsbeitragssituation 12

4 LITERATURVERZEICHNIS 14

5 ABBILDUNGS- UND TABELLENVERZEICHNIS 15

   5.1 Abbildungsverzeichnis 15

   5.2 Tabellenverzeichnis 15

1 Jahresabschlussanalyse

1.1 Teilanalysen der Jahresabschlussanalyse

1.1.1 Vertikale Strukturanalyse (Passivseite) für 2015 und 2016

Tab. 1: Vertikale Strukturanalyse (Passivseite) für 2015 und 2016 (eigene Darstellung)

	Formel	2015	2016
Eigenkapitalquote	$\dfrac{Eigenkapital}{Gesamtkapital} \times 100$	$\dfrac{1.255.800\ €}{2.149.100\ €} \times 100\ \%$ $= 58{,}43\ \%$	$\dfrac{1.438.000\ €}{2.731.800\ €} \times 100\ \%$ $= 52{,}64\ \%$
Fremdkapitalquote	$\dfrac{Fremdkapital}{Gesamtkapital} \times 100$	$\dfrac{893.300\ €}{2.149.100\ €} \times 100\ \%$ $= 41{,}57\ \%$	$\dfrac{1.293.800\ €}{2.731.800\ €} \times 100\ \%$ $= 47{,}36\ \%$
Verschuldungsgrad	$\dfrac{Fremdkapital}{Eigenkapital} \times 100$	$\dfrac{893.300\ €}{1.255.800\ €} \times 100\ \%$ $= 71{,}13\ \%$	$\dfrac{1.293.800\ €}{1.438.000\ €} \times 100\ \%$ $= 89{,}97\ \%$
Umschlaghäufigkeit des Kapitals	$\dfrac{Umsatzerlöse}{\varnothing\ Gesamtkapital}$	$\dfrac{3.150.257\ €}{2.440.450\ €} = 1{,}29$	$\dfrac{3.652.369\ €}{2.440.450\ €} = 1{,}5$

Tab. 2: Ermittlung des durchschnittlichen Gesamtkapitals für 2015 und 2016 (eigene Darstellung)

	Formel	Rechnung
$\varnothing$ Gesamtkapital	$\dfrac{Gesamtkapital\ 2015\ +\ Gesamtkapital\ 2016}{2}$	$\dfrac{2.149.100\ €\ +\ 2.731.800\ €}{2}$ $= 2.440.450\ €$

1.1.2 Kurzfristige Finanzanalyse für 2015 und 2016

Tab. 3: Kurzfristige Finanzanalyse für 2015 und 2016 (eigene Darstellung)

	Formel	2015	2016
Liquidität 1. Grades	$\dfrac{Zahlungsmittelbestand}{kurzfristige\ Verbindlichkeiten} \times 100$	$\dfrac{83.500\ €}{291.500\ €} \times 100\ \%$ $= 28{,}64\ \%$	$\dfrac{119.100\ €}{360.600\ €} \times 100\ \%$ $= 33{,}03\ \%$
Cash Flow	$Gewinn\ +\ Abschreibungen$	$90.750{,}53\ €$ $+\ 72.250\ €$ $=\ 163.000{,}53\ €$	$182.204{,}93\ €$ $+\ 94.360\ €$ $=\ 276.564{,}93\ €$
Working Capital	$Umlaufvermögen$ $-\ kurzfristige\ Verbindlichkeiten$	$651.400\ €$ $-\ 291.500\ €$ $=\ 359.900\ €$	$662.700\ €$ $-\ 360.600\ €$ $=\ 302.100\ €$

Tab. 4: Ermittlung des Gewinns für 2015 und 2016 (eigene Darstellung)

	Fremdkapitalzinsen	Gewinn
Formel	$\dfrac{langfristige\ Verbindlichkeiten\ x\ Fremdkapitalzinssatz}{100}$	$Gesamtkapitalrentabilität =$ $\dfrac{Gewinn+Fremdkapitalzinsen}{Gesamtkapital} \; x\; 100$
2015	$\dfrac{496.500\ x\ 4{,}36}{100} = 21.647{,}4$	$5{,}23 = \dfrac{Gewinn + 21.647{,}4}{2.149.100} x100$ $5{,}23 = \dfrac{Gewinn + 21.647{,}4}{21.491}$ $112.397{,}93 = Gewinn + 21.647{,}4$ $90.750{,}53 = Gewinn$
2016	$\dfrac{832.700\ x\ 2{,}33}{100} = 19.401{,}91$	$7{,}38 = \dfrac{Gewinn + 19.401{,}91}{2.731.800} x100$ $7{,}38 = \dfrac{Gewinn + 19.401{,}91}{27.318}$ $201.606{,}84 = Gewinn + 19.401{,}91$ $182.204{,}93 = Gewinn$

1.1.3 Erfolgsanalyse (Rentabilitätskennzahlen) für 2015 und 2016

Tab. 5: Erfolgsanalyse (Rentabilitätskennzahlen) für 2015 und 2016 (eigene Darstellung)

	Formel	2015	2016
Gewinnänderungsrate	$\left(\dfrac{Gewinn\ Geschäftsjahr}{Gewinn\ Vorjahr} - 1\right) x100$		$\left(\dfrac{182.204{,}93\ €}{90.750{,}53\ €} - 1\right) x100\ \% = 100{,}78\ \%$
Eigenkapitalrentabilität	$\dfrac{Gewinn}{Eigenkapital} \; x\; 100$	$\dfrac{90.750{,}53\ €}{1.255.800\ €} \; x\; 100\ \%$ $= 7{,}23\ \%$	$\dfrac{182.204{,}93\ €}{1.438.000\ €} \; x\; 100\ \%$ $= 12{,}67\ \%$
Umsatzrentabilität	$\dfrac{Gewinn}{Umsatz} \; x\; 100$	$\dfrac{90.750{,}53\ €}{3.150.257\ €} \; x\; 100\ \%$ $= 2{,}88\ \%$	$\dfrac{182.204{,}93\ €}{3.652.369\ €} \; x\; 100\ \%$ $= 4{,}99\ \%$

1.2 Wirtschaftliche Entwicklung

Die Strukturanalyse beschreibt im Allgemeinen die Zusammensetzung von Vermögen und Kapital innerhalb eines Unternehmens. Während die horizontale Strukturanalyse die Beziehung zwischen der aktiven – (Vermögen) und passiven Seite (Kapital) einer Bilanz näher beleuchtet, setzt sich die vertikale Strukturanalyse mit den beiden Seiten im Einzelnen auseinander (Küting & Weber, 2009, S. 118). Im Folgenden wird unter anderem die Passivseite bezüglich der wirtschaftlichen Entwicklung von 2015 auf 2016 in Anlehnung an 1.1 untersucht.

Die Berechnung der Eigenkapitalquote dient der Bestimmung des Eigenkapitalanteils am Gesamtkapital und wird zur Beurteilung der Bonität eines Unternehmens genutzt (Preißler, 2008, S. 125). Generell kann man sagen, dass eine hohe Eigenkapitalquote wünschenswert ist, um fremde Geldgeber und damit verbundene Zinskosten möglichst gering zu halten. Die Fremdkapitalquote hingegen beschäftigt sich mit dem Anteil an Fremdkapital am Gesamtkapital und sollte dementsprechend eher gering ausfallen (Hohl, Rohrbach, Meves, & Bruss, 2006, S. 67).

In Anbetracht der Kennzahlen aus 1.1 ergibt sich eine geringfügige Verschlechterung der Eigenkapitalquote von 58,43 % (2015) auf 52,64 % (2016), während die Fremdkapitalquote einen Anstieg von 41,57 % (2015) auf 47,36 % (2016) verzeichnet. Trotz des Rückschritts bezüglich der Eigenkapitalquote bewegen sich beide Werte auf einem soliden Level. Auffallend ist das dennoch erhöhte Eigenkapital. Zusammen mit dem Anstieg des Fremdkapitals bildet es das Pendant zu den ebenfalls ansteigenden Sachanlagen auf der Aktivseite. Rückschlüssig annehmbar ist, dass das Unternehmen in sich selbst investiert, um ein weiteres Wachstum zu gewährleisten. Dementsprechend kann man davon ausgehen, dass mithilfe dieser gesteigerten Sachanlagen in Zukunft ein höherer Gewinn erwartet wird. Damit lässt sich auch der steigende Verschuldungsgrad von 71,13 % (2015) auf 89,97 % (2016) erklären. Dieser zeigt das Verhältnis zwischen Fremd- und Eigenkapital auf (Vollmuth & Zwettler, Kennzahlen, 2008, S. 58). Mit unter 100 % befinden sich beide Werte im grünen Bereich. Ein dementsprechend größerer Wert gibt also Aufschluss über eine höhere Fremd- als Eigenkapitalzufuhr (Wehrheim & Schmitz, 2005, S. 128). Somit lässt sich der Gedanke einer positiven Entwicklung des Unternehmens festigen.

Die Kapitalumschlagshäufigkeit bezieht sich auf die Höhe der Umsatzerlöse im Vergleich zum durchschnittlichen Gesamtkapital (Vollmuth, 2001, S. 192). Bei einem Wert von 1 wird ein Umsatz in Höhe des Gesamtkapitals generiert, ein höherer Wert ist also erstrebenswert, um sicherzustellen, dass das eingesetzte Kapital möglichst schnell in Form von Umsatz wieder in das Unternehmen zurück fließt und somit zukünftig weniger Fremdkapital benötigt wird (Vollmuth & Zwettler, Kennzahlen, 2008, S. 85 f.). Auch hier ist vermutlich der, durch die getätigten Investitionen, geminderte Umsatz für den eher kleiner ausfallenden Anstieg von 1,29 (2015) auf 1,5 (2016) verantwortlich.

Die Finanzanalyse vereinfacht die Betrachtung der momentanen finanziellen Lage eines Unternehmens (Olfert, 2001, S. 341) und kann als Anhaltspunkt bezüglich der zukünftigen Finanzsituation dienen (Wolf, 1997, S. 210). Im Großen und Ganzen geht es also darum, ob ein Unternehmen liquide ist (Gräfer, 2008, S. 72).

Während sich die langfristige Finanzanalyse über einen gewissen Zeitraum erstreckt und die Veränderungen der Vermögens- und Kapitalposten innerhalb eines Geschäftsjahres untersucht (Vollmuth, 2001, S. 204), setzt die kurzfristige Finanzanalyse Aktiv- und Passivposten zu einem bestimmten Zeitpunkt in Relation (Wehrheim & Schmitz, 2005, S. 129). Die Liquidität 1. Grades setzt den Zahlungsmittelbestand und kurzfristige Verbindlichkeiten in Beziehung zueinander. Man erhält also Auskunft darüber, ob die liquiden Mittel ausreichen, um die kurzfristigen Verbindlichkeiten abzudecken (Preißler, 2008, S. 143). Durch die Steigerung von 28,64 % (2015) auf 33,03 % (2016) überschreitet das Unternehmen 2016 den gewünschten Zielwert von 10 – 30 % nur knapp (Perridon & Steiner, 2007, S. 547), dennoch sollte der Wert nicht maßgeblich steigen, um die Rentabilität des Unternehmens weiterhin sicherzustellen.

Der Cash – Flow gibt Aufschluss über die Ertrags- und Finanzlage eines Unternehmens und gilt dahingehend als interessant für mögliche Investoren. Er gilt zusätzlich als Umsatzüberschuss und beschreibt inwieweit ein Unternehmen Finanzmittel aus eigener Kraft erwirtschaften kann. Man unterscheidet hierbei zwischen der direkten Ermittlung, bei der nur zahlungswirksame Einnahmen und Ausgaben berücksichtigt werden und der indirekten Ermittlung (Ziegenbein, 2007, S. 118). Dabei wird der tatsächliche Geldfluss innerhalb eines Unternehmens untersucht, indem auch Positionen, die keinen direkten Geldmittelfluss auslösen, einbezogen werden (Rüegg-Stürm, 1998, S. 87). Zusammenfassend kann man sagen, dass der Cash – Flow als absolute Zahl im Gegensatz zum einfachen Bilanzgewinn schlichtweg mehr Aussagekraft für eventuelle Kreditgeber besitzt. Unter Hinzunahme der Kennzahlen aus 1.1 lässt sich eine Steigerung von 163.000,53 € (2015) auf 276.564,93 € (2016) verzeichnen.

Das Working Capital dient ebenfalls zur Einschätzung der Bonität eines Unternehmens, indem es kurzfristige Verbindlichkeiten vom Umlaufvermögen abzieht. Je positiver und dementsprechend höher es ist, desto besser (Hohl, Rohrbach, Meves, & Bruss, 2006, S. 58). Hier lässt sich allerdings eine geringfügig negative Entwicklung von 359.900 € (2015) auf 302.100 € (2016) feststellen, die vermutlich auf die getätigte Sachanlageninvestition zurückzuführen ist und dadurch erklärt und dementsprechend vernachlässigt werden kann.

Die Gewinnänderungsrate misst die Veränderung des Gewinns im Hinblick auf das Vorjahr. Hier lässt sich eine Steigerung von 100,78 % erkennen, der Gewinn wurde also etwa verdoppelt. Diesbezüglich sind in erster Linie die Parameter Umsatz und Kosten zu betrachten. Da die Umsatzerlöse sich nicht verdoppelt haben kann man annehmen, dass das Unternehmen die Kosten signifikant reduziert hat. Neben den Lohnkosten bilden vor allem die Materialkosten eine größere Stellschraube, um die unternehmenseigenen Kosten zu regulieren. Denkbar ist, dass die bereits erwähnte Investition in Sachanlagen dem Unternehmen Kosten gespart hat. Beispielsweise könnten neue Maschinen effizienter und sparsamer im Umgang mit Rohstoffen sein.

Die Eigenkapitalrentabilität beschreibt die Verzinsung des eigenen Kapitals innerhalb eines Unternehmens (Vollmuth, 2001, S. 198). Der erwirtschaftete Gewinn wird hierbei quasi als Zins gehandhabt, dementsprechend sollte die Eigenkapitalrentabilität möglichst hoch sein. Eine Steigerung von 7,23 % (2015) auf 12,67 % (2016) kann festgestellt werden.

Die Umsatzrentabilität hingegen gibt an, wieviel Prozent des Umsatzes letztendlich als Gewinn verbleiben (Vollmuth, 2001, S. 201). Auch hier gilt, je höher der Wert, desto positiver kann das Unternehmen eingestuft werden (Wehrheim & Schmitz, 2005, S. 143). Die Umsatzrentabilität weist einen Zuwachs von 2,88 % (2015) auf 4,99 % (2016) auf. Festgehalten werden kann, dass sowohl die Umsatzrentabilität, als auch die Eigenkapitalrentabilität als ausbaufähig gelten, aber auch hier kann die bereits erwähnte getätigte Investition für die gemäßigten Werte verantwortlich gemacht werden. Zusammenfassend und in Anlehnung an diese beiden Steigerungen lässt sich der Gedanke eines stetig wachsenden Unternehmens dennoch festigen.

2 Controlling

2.1 Entwicklung eines Kennzahlensystems

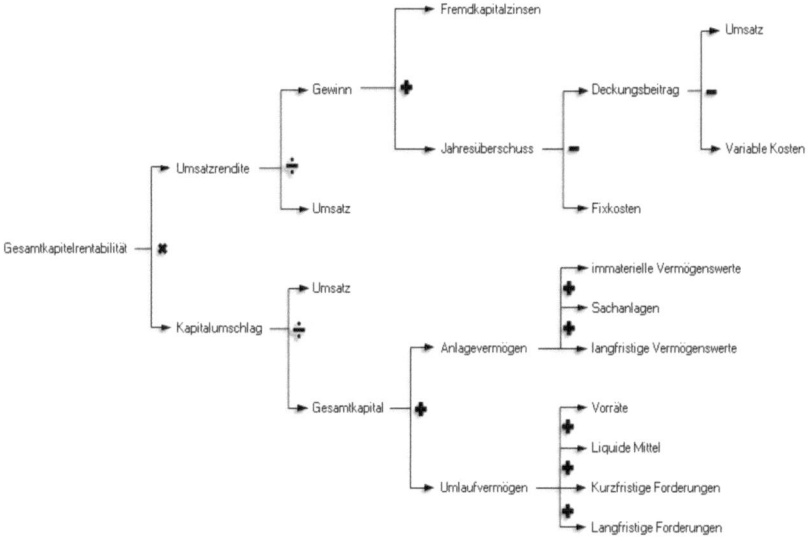

Abb. 1: Kennzahlensystem der XY GmbH (eigene Darstellung)

2.2 Entwicklung eines Controllingsystems

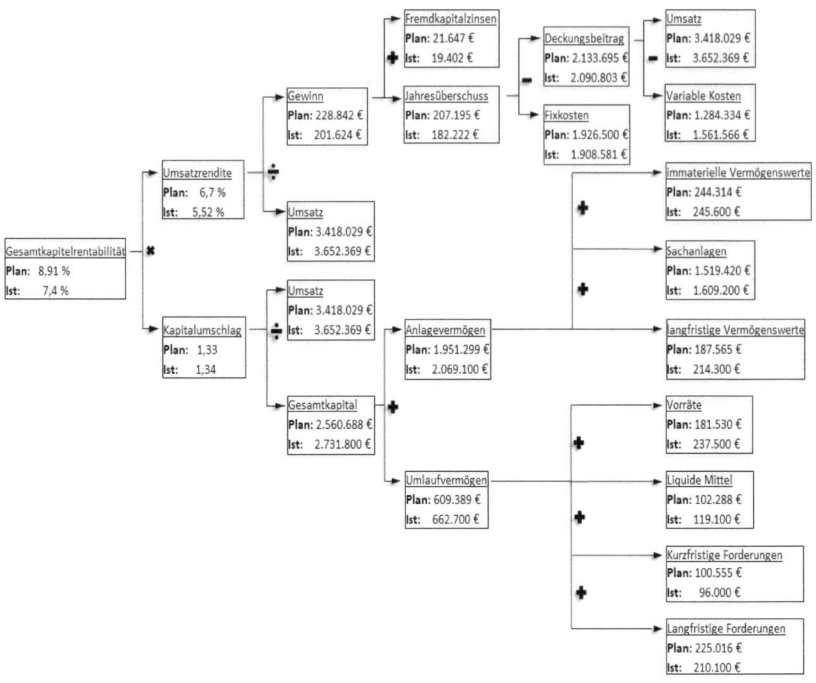

Abb. 2: Controllingsystem der XY GmbH (eigene Darstellung)

2.3 Interpretation Controllingsystem

Im Allgemeinen versteht man unter Controlling eine Gewinnsteuerung durch Zahlen (Baus, 2003, S. 7). Mithilfe der Planzahlen lassen sich vereinfacht Gegenmaßnahmen einleiten, sofern diese ungewollte Ausmaße annehmen. Außerdem gewährleistet dieses System einen raschen Überblick für Investoren und das Unternehmen selbst, indem mögliche Schwachstellen schnellstmöglich erkannt – und ausgemerzt werden können.

In Anlehnung an das Controllingsystem aus 2.2 lassen sich einige Unterschiede bezüglich der Plan- und Istzahlen feststellen.

Die langfristigen Vermögenswerte sind im Gegensatz zu den geplanten 187.565 € auf 214.300 € gestiegen. Ein möglicher Grund für diesen ungeplant hohen Istwert könnte mit dem Aktienkurs und den damit verbundenen ständigen Wertschwankungen zusammen hängen.

Die unplanmäßige Steigerung des Anlagevermögens von 1.951.299 € auf 2.069.100 € hängt neben den langfristigen Vermögenswerten vor allem mit dem Anstieg der Sachanlagen zusammen. Eventuell kam es zu unerwarteten Komplikationen, sodass gewisse Neuanschaffungen verschiedener Geräte oder Maschinen nicht ausbleiben konnten. Aufgrund verbesserter Versandmöglichkeiten ging man davon aus, dass bezüglich der Vorräte ein geringeres Ausmaß zu erwarten ist. Letzten Endes befinden sich diese mit 237.500 € aber ebenfalls deutlich über dem Planwert von 181.530 €. Eine mögliche Erklärung hierfür ist, dass sich der eigentlich verbesserte Versand während des Geschäftsjahres als fehlerhaft herausgestellt hat. Möglicherweise sind gewisse Geschäftspartner abgesprungen, sodass man gezwungen war die Vorräte wieder zu erhöhen. In Anbetracht des ebenfalls unerwartet hohen Umsatzes besteht aber auch die Möglichkeit, dass schlichtweg die Nachfrage gestiegen – und dadurch der erhöhte Vorrat zu erklären ist. Im Zuge dessen fällt auf, dass der Deckungsbeitrag trotz des erhöhten Umsatzes dennoch leicht gefallen ist. Grund hierfür sind die im Vergleich enorm hohen variablen Kosten. Diese schlagen mit 1.561.566 € statt der geplanten 1.284.334 € schwer zu Buche und sollten möglichst gesenkt werden. Zu hohe Transportkosten, sprich Lieferanten, aber auch erhöhte Energiekosten, in Anlehnung an die bereits erwähnten neu angeschafften Maschinen, können hier verantwortlich gemacht werden.

3 Kostenrechnung

3.1 Zuschlagskalkulation

Eine Zuschlagskalkulation eignet sich besonders bei komplexen Produktionsprozessen (Coenenberg, Fischer, & Günther, 2009, S. 130) oder einem breiten Leistungsspektrum, deren Kostenunterschiede schlecht nachvollziehbar sind (Friedl, 2010, S. 195). Um dem entgegenzuwirken werden die Kosten in Einzel- und Gemeinkosten getrennt (Dincher, Ehreiser, & Müller-Godeffroy, 2006, S. 151), um mehr Übersichtlichkeit zu generieren. Während die Einzelkosten den jeweiligen Kostenträgern zugeordnet werden, verrechnet man die Gemeinkosten mit ihren individuellen Zuschlagssätzen (Buchholz & Gerhards, 2009, S. 110).

Tab. 6: Ermittlung des Bruttoverkaufspreises mithilfe einer Zuschlagskalkulation (eigene Darstellung)

Einkaufspreis (brutto)	82,71 €	19 %
Listeneinkaufspreis (netto)	69,50 €	
- Rabatt	1,67 €	2,4 %
= Zieleinkaufspreis	67,83 €	
- Skonto	0,68 €	1 %
= Bareinkaufspreis	67,15 €	
+ Bezugskosten	2,25 €	
= Bezugspreis	69,40 €	
+ Handlungskosten	43,82 €	63,14 %
= Selbstkosten	113,22 €	
+ Gewinn	40,19 €	35,5 %
= Barverkaufspreis	153,41 €	
+ Skonto	4,60 €	3 %
= Zielverkaufspreis	158,01 €	
+ Rabatt	6,32 €	4 %
=Listenverkaufspreis (netto)	164,33 €	
=Verkaufspreis (brutto)	195,55 €	19 %

Tab. 7: Ermittlung der Selbstkosten mithilfe der Handlungskosten (eigene Darstellung)

	Formel	Rechnung (Nettowerte)
Handlungs-kostenzu-schlag	$\frac{Mietk.+Versicherungsk.+Personalk.+Vertriebsk.}{Wareneinsatzkosten} \times 100$	$\frac{90.100\ €+4.096\ €+72.690\ €+5.240\ €}{272.600\ €} \times 100\ \%$ $= 63,14\ \%$
Handlungs-kosten	$\frac{Bezugspreis}{100} \times Handlungskostenzuschlag$	$\frac{69,40\ €}{100\ \%} \times 63,14\ \% = 43,82\ €$
Selbstkosten	$Bezugspreis + Handlungskosten$	$69,40\ € + 43,82\ € = 113,22\ €$

Der Bruttoverkaufspreis einer Sportuhr des Mittelklassesegments kann von der XY GmbH auf 195,55 € festgelegt werden.

3.2 Deckungsbeitragsrechnung

Tab. 8: Ermittlung der monatlichen Gesamtkosten (eigene Darstellung)

	Rechnung	Dokumentation
Anzahl an Kunden, die Laufschuhe kaufen	$\dfrac{240\ Kunden}{3} = 80\ Kunden$ $\dfrac{80\ Kunden}{100\ \%} \times 70\ \% = 56\ Kunden$	Es gibt 240 Kaufinteressenten für Laufschuhe pro Monat. ➔ 80 Kunden nehmen eine Laufbandanalyse in Anspruch. ➔ 56 Kunden kaufen letztendlich Laufschuhe.
Provision der Mitarbeiter	$5\ € \times 56\ Kunden = 280\ €$	Die Provision der Mitarbeiter liegt bei monatlich 280 €.
Miete der genutzten Fläche	$\dfrac{8900\ €}{1200\ m^2} \times 20\ m^2 = 148{,}33\ €$	Die Miete, der für die Laufbandanalyse genutzten Fläche, beläuft sich monatlich auf 148,33 €.
Nebenkosten der genutzten Fläche	$\dfrac{148{,}33\ €}{100\ \%} \times 5\% = 7{,}42\ €$	Die Nebenkosten, der für die Laufbandanalyse genutzten Fläche, belaufen sich auf monatlich 7,42 €.
Kosten der Einrichtungsgegenstände	$\dfrac{3.850\ €}{100\ \%} \times 81\ \% = 3.118{,}50\ €$ $\dfrac{3.118{,}50\ €}{6\ Jahre} = 519{,}75\ \dfrac{€}{Jahr}$ $\dfrac{519{,}75\ €}{12\ Monate} = 43{,}31\ \dfrac{€}{Monat}$	Der Nettowert der Einrichtungsgegenstände beträgt 3.118,50 €. ➔ Der Nettowert der Einrichtungsgegenstände beträgt 519,75 € im Jahr bei einer geplanten Nutzungsdauer von insgesamt 6 Jahren. ➔ Der Nettowert der Einrichtungsgegenstände beträgt 43,31 € im Monat bei einer geplanten Nutzungsdauer von insgesamt 6 Jahren.
Gesamtkosten pro Monat	$280\ € + 148{,}33\ € + 7{,}42\ € + 43{,}31\ €$ $= 479{,}06\ €$	Die Summe der monatlichen Kosten beläuft sich auf insgesamt 479,06 €.

Tab. 9: Ermittlung des Bruttoverkaufspreises (eigene Darstellung)

	Bruttoverkaufspreis
Formel	$Deckungsbeitrag = Teilumsatz - Zurechenbare\ Kosten$ $Zurechenbare\ Kosten = Teilumsatz$
Rechnung	$479{,}06\ € = \dfrac{Nettoverkaufspreis}{2} \times 56 + 24 \times Nettoverkaufspreis$ $\dfrac{479{,}06\ €}{Nettoverkaufspreis} = \dfrac{56}{2} + 24$ $\dfrac{479{,}06\ €}{Nettoverkaufspreis} = 28 + 24$ $\dfrac{479{,}06\ €}{Nettoverkaufspreis} = 52$ $479{,}06\ € = 52 \times Nettoverkaufspreis$ $\dfrac{479{,}06\ €}{52} = Nettoverkaufspreis$ $9{,}21\ € = Nettoverkaufspreis$ $9{,}21\ € \times 1{,}19 = 10{,}96\ €$ $10{,}96\ € = Bruttoverkaufspreis$
Dokumentation	Da keine Gewinnvorgabe angegeben wurde, gilt ein Deckungsbeitrag gleich Null. ➔ 56 Kunden erhalten einen Rabatt von 50% auf ihre Laufbandanalyse. ➔ 24 Kunden kaufen keine Laufschuhe und müssen den vollen Preis bezahlen. ➔ Der Nettoverkaufspreis beträgt 9,21 €, inklusive 19 % Mehrwertsteuer ergibt sich ein Bruttoverkaufspreis von 10,96 €, der pro Laufbandanalyse verlangt werden muss, um keinen negativen Deckungsbeitrag zu erzielen.

3.3 Interpretation einer Deckungsbeitragssituation

Unter Anwendung der Deckungsbeitragsrechnung wird nur ein bestimmter Teil der Gesamtkosten den jeweiligen Kostenträgern zugeordnet (Coenenberg, Fischer, & Günther, 2009, S. 185). Unterschieden wird unter anderem zwischen der einstufigen – und der mehrstufigen Deckungsbeitragsrechnung (Wöhe & Döring, 2005, S. 1126 ff.).
Bei der einstufigen Deckungsbeitragsrechnung (Deckungsbeitrag I) werden die Kosten in fixe – und variable Kosten unterteilt (Coenenberg, Fischer, & Günther, 2009, S. 186). Während die variablen Kosten vom jeweiligen Teilumsatz abgezogen werden (Fandel, Fey, Heuft, & Pitz, 2004, S. 221), gilt es die fixen Kosten über die Summe des Deckungsbeitrages auszugleichen (Macha, 2010, S. 170). Diese Version der Deckungsbeitragsrechnung ordnet den Kostenträgern also nur die variablen Kosten zu, während die

fixen Kosten den Deckungsbeiträgen am Ende als ein Kostenblock gegenübergestellt werden. Die einstufige Deckungsbeitragsrechnung macht vor allem in kurzfristigen Situationen Sinn, da nur variable Kosten dann entscheidungsrelevant sind, während fixe Kosten konstant bleiben und unausweichlich gedeckt werden müssen (Coenenberg, Fischer, & Günther, 2009, S. 186).

Die mehrstufige Deckungsbeitragsrechnung (Deckungsbeitrag II) hingegen befasst sich mit eben diesem Fixkostenblock und zerlegt ihn in mehrere Schichten (Buchholz & Gerhards, 2009, S. 121). Dies sorgt für eine erhöhte Transparenz, indem die Fixkosten den einzelnen Kostenträgern zugeordnet werden können. Außerdem wird sichtbar welcher Geschäftsbereich sich lohnt und welcher nicht (Buchholz & Gerhards, 2009, S. 125). Diese Version der Deckungsbeitragsrechnung eignet sich in mittelfristigen Situationen, da das Unternehmen zwar mögliche Verlustprodukte aus dem Sortiment nehmen kann, deren zugehörige Fixkosten aber dennoch abgebaut werden müssen (Wöhe & Döring, 2005, S. 1127 f.), was im Normalfall eine gewisse Zeit in Anspruch nimmt (Macha, 2010, S. 188).

Ein positiver Deckungsbeitrag I und ein negativer Deckungsbeitrag II zeigen also, dass ein Unternehmen seine Kosten insgesamt gedeckt bekommt, einzelne Bereiche aber Miese machen. Unter Berücksichtigung dieser Gegebenheiten möchte man annehmen, dass das Unternehmen den jeweiligen Geschäftsbereich schnellstmöglich abstoßen sollte, was meistens wohl die richtige Entscheidung ist. Es gilt allerdings zu beachten, dass derartige Entscheidungen häufig eine Art Kettenreaktion auslösen und im Endeffekt auch andere Bereiche betroffen sind. Ein Beispiel für oftmals wenig genutzte Bereiche innerhalb eines Sportstudios sind sowohl der Sauna-, als auch der Kursbereich. Wenn diese Bereiche einen negativen Deckungsbeitrag II erzielen, ist es nicht unbedingt ratsam diese abzuschaffen, um bisherige Nutzer nicht zu verärgern. Außerdem tragen diese wenig genutzten Bereiche häufig zur Kaufentscheidung bei Probetrainings bei.

Zusammenfassend kann man sagen, dass der Aussage „Sollte der Deckungsbeitrag II eines Unternehmensbereiches negativ sein, der Deckungsbeitrag I jedoch positiv, so ist die einzig richtige Unternehmensstrategie, dass dieser Geschäftsbereich aufgegeben werden muss!" soweit nicht zugestimmt werden kann, da es die einzig richtige Unternehmensstrategie dahingehend nicht gibt. Man muss immer abwägen und mögliche Nachteile einer solch gravierenden Entscheidung erörtern, statt blind und ohne nachzudenken einzelne Geschäftsbereiche aufzugeben. Außerdem gehören betreffende Bereiche erst unter Beobachtung gestellt, um sicherzugehen, dass diese dauerhaft ungenügenden Umsatz erbringen.

4 Literaturverzeichnis

Baus, J. (2003). *Controlling. Lehr- und Arbeitsbuch für die Fort- und Weiterbildung* (Erfolgreich im Beruf, 3. Ausg.). Berlin: Cornelsen.

Buchholz, L., & Gerhards, R. (2009). *Internes Rechnungswesen. Kosten und Leistungsrechnung Betriebsstatistik und Planungsrechnung*. Berlin: Springer.

Coenenberg, A. G., Fischer, T. M., & Günther, T. (2009). *Kostenrechnung und Kostenanalyse* (7., überarb. und erw. Ausg.). Stuttgart: Schäffer-Poeschel.

Dincher, R., Ehreiser, H.-J., & Müller-Godeffroy, H. (2006). *Einführung in das betriebliche Rechnungswesen. Buchführung, Jahresabschluss, Kostenrechnung.* (Schriftenreihe der Forschungsstelle für Betriebsführung und Personalmanagement e.V, 2., überarb. Ausg., Bd. 4). Neuhofen/Pf: Forschungsstelle für Betriebsführung und Personalmanagement.

Fandel, G., Fey, A., Heuft, B., & Pitz, T. (2004). *Kostenrechnung* (Springer-Lehrbuch, 2., aktual. u. erw. Ausg.). Berlin: Springer.

Friedl, B. (2010). *Kostenrechnung. Grundlagen Teilrechnungen und Systeme der Kostenrechnung* (Lehr- und Handbücher der Betriebswirtschaftslehre, 2., überarbeitete und erweiterte Ausg.). München: Oldenbourg.

Gräfer, H. (2008). *Bilanzanalyse. Traditionelle Kennzahlenanalyse des Einzeljahresabschlusses; kapitalmarktorientierte Konzernjahresabschlussanalyse; mit Aufgaben und Lösungen* (Lehrbuch, 10., vollständig überarb. Ausg.). Herne: NWB-Verlag.

Hohl, W., Rohrbach, H. D., Meves, O., & Bruss, D. (2006). *Bilanzen lesen und verstehen. Eine Einführung in die Bilanzanalyse* (Praxiswissen Wirtschaft, 2., völlig neu bearb. Ausg.). Heidelberg: Economica-Verlag.

Küting, P., & Weber, C. -P. (2009). *Die Bilanzanalyse: Beurteilung von Abschlüssen nach HGB und IFRS* (9., überarb. Ausg.). Stuttgart: Schäffer-Poeschel.

Macha, R. (2010). *Grundlagen der Kosten- und Leistungsrechnung* (Vahlens Lernbücher, 5., überarb. Ausg.). München: Vahlen.

Olfert, K. (2001). *Investition* (Kompendium der praktischen Betriebswirtschaft, 8., überarb. und erw. Ausg.). Ludwigshafen (Rhein): Kiehl.

Perridon, L., & Steiner, M. (2007). *Finanzwirtschaft der Unternehmung* (Vahlens Handbücher der Wirtschafts- und Sozialwissenschaften, 14., überarb. und erw. Ausg.). München: Vahlen.

Preißler, P. R. (2008). *Betriebswirtschaftliche Kennzahlen: Formeln, Aussagekraft, Sollwerte, Ermittlungsintervalle*. München: Oldenbourg.

Rüegg-Stürm, J. (1998). *Controlling für Manager. Was Nicht-Controller wissen müssen*. Frankfurt: Campus Verlag.

Vollmuth, H. J. (2001). *Bilanzen richtig lesen, besser verstehen, optimal gestalten. Bilanzanalyse und Bilanzkritik für die Praxis* (WRS-Betriebspraxis, 4., durchges. und erw. Ausg.). Planegg: WRS-Verlag.

Vollmuth, H. J., & Zwettler, R. (2008). *Kennzahlen* (Bd. 13). Planegg/München: Haufe.

Wehrheim, M., & Schmitz, T. (2005). *Jahresabschlussanalyse. Instrumente Bilanzpolitik Kennzahlen* (2., überarb. Ausg.). Stuttgart: Kohlhammer.

Wöhe, G., & Döring, U. (2005). *Einführung in die allgemeine Betriebswirtschaftslehre* (Vahlens Handbücher der Wirtschafts- und Sozialwissenschaften, 22., vollst. neu bearb. Ausg.). München: Vahlen.

Wolf, J. (1997). *Grundwissen Bilanz und Bilanzanalyse*. München: Wilhelm Heyne.

Ziegenbein, K. (2007). *Controlling* (Kompendium der praktischen Betriebswirtschaft, 9., überarbeitete und aktualisierte Ausg.). Ludwigshafen (Rhein): Kiehl.

5 Abbildungs- und Tabellenverzeichnis

5.1 Abbildungsverzeichnis

Abb. 1: Kennzahlensystem der XY GmbH (eigene Darstellung) 7
Abb. 2: Controllingsystem der XY GmbH (eigene Darstellung) 8

5.2 Tabellenverzeichnis

Tab. 1: Vertikale Strukturanalyse (Passivseite) für 2015 und 2016 (eigene Darstellung) 2
Tab. 2: Ermittlung des durchschnittlichen Gesamtkapitals für 2015 und 2016 (eigene Darstellung) 2
Tab. 3: Kurzfristige Finanzanalyse für 2015 und 2016 (eigene Darstellung) 2
Tab. 4: Ermittlung des Gewinns für 2015 und 2016 (eigene Darstellung) 3
Tab. 5: Erfolgsanalyse (Rentabilitätskennzahlen) für 2015 und 2016 (eigene Darstellung) 3
Tab. 6: Ermittlung des Bruttoverkaufspreises mithilfe einer Zuschlagskalkulation (eigene Darstellung) . 10
Tab. 7: Ermittlung der Selbstkosten mithilfe der Handlungskosten (eigene Darstellung) 10
Tab. 8: Ermittlung der monatlichen Gesamtkosten (eigene Darstellung) 11
Tab. 9: Ermittlung des Bruttoverkaufspreises (eigene Darstellung) 12

BEI GRIN MACHT SICH IHR WISSEN BEZAHLT

- Wir veröffentlichen Ihre Hausarbeit, Bachelor- und Masterarbeit

- Ihr eigenes eBook und Buch - weltweit in allen wichtigen Shops

- Verdienen Sie an jedem Verkauf

Jetzt bei www.GRIN.com hochladen und kostenlos publizieren